# MORALITÉ

(ἐπιμύθιον, AFFABULATIO)

# DE LA PRÉSENTATION

A L'ACADÉMIE DES SCIENCES

POUR

LA PLACE VACANTE EN CHIRURGIE.

Paris. — Typ. LACRAMPE et Comp., rue Damiette, 2.

# MORALITÉ

(ἐπιμύθιον, AFFABULATIO)



# DE LA PRÉSENTATION

A L'ACADÉMIE DES SCIENCES

POUR

## LA PLACE VACANTE EN CHIRURGIE.

---

A mes Confrères qui ne sont rien.

---

Mes chers confrères, qui n'êtes rien, c'est-à-dire qui n'êtes ni professeurs, ni académiciens, ni chirurgiens des hôpitaux, c'est à vous, simples docteurs en médecine comme moi, que j'adresse mes doléances, persuadé que vous prendrez intérêt à ma cause, si je puis vous faire comprendre qu'elle est aussi la vôtre.

Vous savez quelle est la composition de la liste de présentation à l'Académie des Sciences : la chirurgie militaire, la Faculté de Paris, celles de province, l'Académie de Médecine, les hôpitaux, y sont représentés; les chirurgiens spéciaux seuls en ont été exclus, c'est l'unique point, dit-on, sur lequel MM. les membres de la section se soient trouvés d'accord du premier coup. « *Surtout pas de spécialité,* » tel est le premier mot qu'ils ont prononcé, un seul excepté, en s'abordant. Cette disposition hostile, vous le savez, n'est pas nouvelle. Pour qui connaît M. Roux, par exemple, pour qui a pu être témoin de la colère que le mot *de spécialité* provoque en lui, d'ordinaire si bon, il est évident que nous ne pouvions franchir le seuil de l'Académie qu'en passant sur son corps. Vingt-quatre ans d'une affection toute filiale, qui ne s'était pas démentie un seul instant, n'ont pu lui faire oublier cette condition de *spécialiste*, difformité dont ses yeux ne peuvent supporter la vue; c'est à ce point qu'il voudrait pouvoir effacer de son souvenir, que dis-je? de sa vie, les trente années pendant lesquelles il a passé pour le *premier oculiste* de France. A ce degré de délire partiel, on ne raisonne plus; aussi peut-on assurer que M. Roux ne jouissait pas de la liberté complète de son esprit en traitant la question des spécialités. Jusqu'ici cette circonstance n'a pas été considérée comme cas de nullité d'une élection, et l'on n'a pas décidé encore qu'un vote soit une arme offensive que l'on doive mettre hors de la portée de la main qui pourrait en user sans discernement. Quant aux collègues de M. Roux, ils se sont d'autant mieux gardés de provoquer une crise par leur résistance, que chacun d'eux ayant un candidat à faire prévaloir, n'était pas fâché de commencer par mettre hors de cause toute une catégorie de concurrents, c'est-à-dire MM. Civiale, Guérin et moi.

Vous n'aurez peut-être pas bien compris, mes chers confrères, comment M. Guérin, dont le nom avait été placé, il y a un mois, sur une liste de *cinq* candidats, dressée par la section de médecine et de chirurgie, est exclu aujourd'hui d'une liste de *huit* par la même section, présentant à la même académie. Cela vous paraît une inconséquence, et pourtant, comme vous allez voir, cela est très-logique suivant ces messieurs. M. Guérin a beaucoup écrit sur les deux branches de l'art de guérir; mais il ne pratique pas la médecine interne : on pouvait donc, sans déroger au principe adopté, le placer sur la liste de la médecine. En chirurgie, au contraire, il se borne à la pratique d'une branche spéciale, *l'orthopédie;* on ne pouvait donc pas le présenter. Vous comprenez la distinction, n'est-ce pas?

Quant à nous, auteurs de la lithotritie, inventeur, applicateur, voici le langage que l'on nous a tenu : La découverte à laquelle vos noms sont attachés est certainement une très-belle chose, et nous convenons qu'après avoir retourné toutes nos poches, nous ne trouvons rien qui lui soit comparable ; mais cela ne suffit pas pour représenter la chirurgie à l'Académie des Sciences. Vous êtes des hommes spéciaux, c'est-à-dire dont l'aptitude est bornée à une seule chose ; vous ne pourriez donc pas comprendre les travaux si variés adressés au premier corps savant du monde : ce qu'il lui faut, c'est un encyclopédiste, un professeur qui, à chaque question nouvelle, puisse en donner l'explication, et faire la leçon à ses collègues des autres sections. Nous aurons soin, dans nos traités généraux, monuments impérissables *ære perennius*, de vous ménager une petite place, afin que la postérité sache que vous avez vécu ; mais nous ne vous laisserons pas entrer à l'Académie des Sciences. *Vade retro!*

Mais, repris-je avec beaucoup d'humilité, j'ai bien d'autres choses que la lithotritie dans mon bagage scientifique ; tenez, voilà mes recherches sur l'asphyxie, moins brillantes que le broiement, mais d'une importance au moins aussi grande, puisque j'ai fait voir qu'en suivant les préceptes de vos livres classiques, on achève de tuer les asphyxiés et les noyés qui seraient revenus tout seuls à la vie. Vous dites que je suis spécial, mais il n'y a pas une région du corps, depuis la tête jusqu'aux orteils, pour laquelle je n'aie fait quelque chose : pupille artificielle, polypes des fosses nasales, corps étrangers de l'oreille, staphyloraphie, étranglements intestinaux, rétrécissements, maladies de la prostate, fistules vaginales, hydrocèle, anévrisme des membres, ongle incarné, etc. Voulez-vous de la physiologie? voilà des expériences sur l'électricité animale, sur la reprodution du cristallin, etc.; voilà de l'hygiène, voilà des articles de dictionnaire, des analyses d'ouvrages. Vains discours! ces messieurs ne daignèrent seulement pas jeter les yeux sur mon étalage. Je citai les Grecs, les Latins, les Arabes; j'espérais trouver grâce devant ces hommes de l'école, semblables aux rats de la fable :

. . . . . Qui, les livres rongeants,
Se font savants jusques aux dents.

Mais, j'eus beau leur dire comme la chauve-souris : *Je suis souris, vivent les rats!* ces messieurs se sont obstinés à ne voir que mes ailes. La lithotritie a marqué mes premiers pas dans la science, c'est un péché originel pour lequel il n'y a pas de baptême.

Voyant alors que je ne pouvais parvenir à me faire écouter, je tirai, des profondeurs de mon bureau, des cartons gonflés d'observations que, depuis dix ans, je rassemblais de tous les coins du monde avec la patience de la fourmi. Cet objet les frappa : Qu'est-ce cela? dirent-ils. Oh! répondis-je, peu de chose; ces cartons ont peut-être moins d'importance que de volume : cependant, si je ne me trompe, il pourrait bien sortir de ces documents la preuve que l'intervention de la chirurgie dans le traitement du cancer, j'entends de la chirurgie armée de son couteau, est, dans l'immense majorité des cas, non-seulement impuissante, mais nuisible. J'ajoutai que j'allais entreprendre la démonstration de ce fait, et que moi, pygmée, j'espérais au moyen de la puissance des chiffres donner à ma parole plus de poids que n'en avaient eu celles d'Hippocrate, de Celse, d'Ambroise Paré, de Monro, de Boyer, et que je parviendrais peut-être à faire tomber le bistouri de leurs mains. Je vous laisse à penser quels regards me furent lancés : ce n'était pas assez d'être venu me tailler une part en plein drap dans la pratique chirurgicale, et d'avoir confisqué à mon profit, et au profit de quelques autres capacités bornées, toutes les maladies des voies urinaires, je venais encore, fils dénaturé, dépouiller ma mère d'une autre portion importante de son domaine, et cela sous le vain prétexte qu'il est le prix d'un sang inutilement versé. Oh! alors il n'y eut plus pour moi ni grâce ni merci; ma perte, si elle n'eût pas été jurée depuis longtemps, aurait été certaine dès ce moment. Je hasardai pourtant quelques mots pour calmer la tempête :

> . . . . . *Ardentem et torva tuentem*
> *Lenibam dictis.* . . . . . ,

Mais ce fut en vain, mon nom disparut sous une vaste traînée d'encre, et cette exclamation s'échappa de la poitrine du rapporteur : *Delenda specialitas!*

Je me retournai alors vers celui que cette exclusion frappait ainsi que moi; il n'exhibait, et pour cause, aucune parcelle scientifique; il me regardait m'évertuer, conservant son visage ordinaire, comme si tout cela lui était étranger. J'ai su depuis la cause de cette indifférence apparente; c'est que cette porte qu'on lui refusait n'était pas celle par laquelle il comptait passer; une entrée dérobée devait s'entr'ouvrir pour lui seul; et puis il m'aurait dit comme le chat au renard :

> Fouille en ton sac, ami,
> Cherche en ta cervelle matoise
> Un stratagème sûr : Pour moi, voici le mien.

Mais ses amis firent tant de bruit en faisant tourner cette porte sur ses gonds un peu rouillés, que j'ai eu le temps de m'y glisser et de m'y cramponner, de telle sorte qu'on ne pouvait faire entrer l'un sans l'autre. Pendant cette lutte, la porte se referma et nous laissa tous les deux dehors

Ce n'est pas de l'Académie des Sciences seulement que les scolastiques prétendent exclure les spécialités pratiques ; l'entrée de l'Académie de Médecine est barricadée et gardée par eux ; là aussi j'ai rencontré une opposition systématique, et je ne dois pas vous laisser ignorer, parce que vous pourrez y trouver un enseignement utile, que l'homme qui m'a repoussé avec le plus d'acharnement proclamait, en 1834, dans une réunion de médecins, parmi lesquels je citerai MM. Miquel, Parent, Tanquerelle, etc., qu'il devait principalement à l'asile que je lui avais donné en 1820 d'avoir pu continuer ses études, et d'arriver à la position élevée qu'il occupe aujourd'hui. Voilà pourtant jusqu'où peut aller l'esprit de coterie.

*Quid non mortalia pectora cogis......*

Mais que restera-t-il donc aux hommes dont les recherches persévérantes, et par conséquent spéciales, ont doté la science de découvertes, si l'on établit en principe que les académies sont l'apanage des auteurs de traités généraux, des compilateurs, des professeurs ; qu'elles sont, en un mot, une succursale de l'école ? cette doctrine rétrograde, qui serait la critique de la division de l'Académie en sections spéciales, et de la présence de tant d'hommes illustres qui brillent par des travaux spéciaux dans leur spécialité, cette doctrine, dis-je, a rencontré une vive opposition à l'Institut. Malheureusement la question n'a pas été posée sur une large base ; les défenseurs du spécialisme avaient moins en vue le triomphe du principe que la cause particulière d'un opérateur ; aussi me suis-je trouvé dans la nécessité, sous peine d'être victime, de démontrer énergiquement qu'ils avaient eu tort de mettre ainsi les intérêts en opposition, et que, dans tous les cas, ils avaient mal choisi leur exemple.

Cette question, au surplus, de l'entrée des spécialités médicales à l'Académie des Sciences, n'a pas été posée, sachez-le bien ; elle est encore entière : l'Académie n'a pas été appelée à voter sur ce point, et si elle n'a pas voulu, cette fois, heurter la section en réformant sa liste de présentation, elle lui a fait entendre assez clairement, qu'à ses yeux la spécialité pratique n'était point une tache qui dût faire disparaître les véritables services rendus à la science, et qu'elle ne prétendait pas s'associer aux passions de coteries, aux rivalités de métier.

Courage donc, hommes à idées, investigateurs qui, par votre imagination, vos observations, votre travail persévérant, tracez des routes nouvelles ; sachez que vous avez de puissants appuis dans les hautes régions de la science, et espérez que les hommes qui se traînent dans les sentiers battus n'auront pas toujours le privilége de recueillir les fruits de vos labeurs. Mais pour en arriver là, il vous faudra lutter et réunir vos efforts, car leur mauvais vouloir est grand à votre égard, et vous n'avez rien à attendre d'eux. Il n'y a pas jusqu'à l'aptitude pratique, jusqu'à l'habileté dans l'application, résultat presque nécessaire de l'habitude, que l'on nous refuse. Cela vous surprend, n'est-ce pas? eh bien, je puis vous en offrir la preuve écrite dans un manifeste, dépositaire des pensées de la corporation des encyclopédistes : vous le trouverez dans le numéro de mars 1840 des *Archives de médecine*. Voici quelles circonstances lui ont donné lieu : pardonnez-moi si c'est encore un épisode de mon histoire que je vous raconte. L'administration des hospices avait pensé qu'il serait utile d'établir une consultation gratuite pour les maladies des voies urinaires dans l'intérêt des malheureux qui ne voudraient pas entrer dans les hôpitaux ; elle me chargea de ce service. C'était une fonction bien humble qui ne donnait aucun titre, et le choix de l'administration était peut-être justifié par mes travaux sur cette branche de l'art de guérir. Pourtant la corporation vit là une atteinte portée à ses priviléges : elle s'émut et rédigea une protestation que signèrent vingt-huit chirurgiens, et en tête de la liste étaient les noms de MM. Roux, Velpeau, etc.

L'instigateur de cette manifestation, celui qui se chargea d'en faire la remise, ce fut encore le modèle de délicatesse que je vous signalais tout à l'heure. Vous avez peine à croire que je n'aie pas étouffé par quelque méfait la gratitude qui s'était laissée apercevoir dans un moment d'expansion, à laquelle peut-être avait moins de part un sentiment généreux, que l'orgueil du parvenu, montrant pour exalter son mérite le point infime d'où il est parti ; vous avez peine à croire que je n'aie pas motivé ou du moins rendu excusable un pareil acharnement : il n'en est rien pourtant, et je défie que l'on vous donne la preuve d'une démarche, d'une ligne écrite, d'une parole qui n'ait été conforme aux sentiments qui m'animaient pendant nos études médicales. L'ambition d'un chef de coterie, voilà le mobile des actions de cet homme que vous avez sans doute reconnu. Au surplus, cet oubli de souvenirs importuns est pour lui chose d'habitude, et c'est en semblable monnaie qu'il a payé l'année dernière, devant l'Académie de Médecine, le suffrage donné par M. Amussat pour son entrée à la Faculté. Voilà, encyclopédistes, votre Coryphée, celui que vous présentez à vos amis et à vos ennemis! Réunissez vos efforts pour le couvrir des palmes académiques, mais souvenez-vous que si le laurier préserve de la foudre, il ne peut sauver du mépris qui s'attache aux actions déloyales. Tel est, mes chers confrères, le côté moral de l'Achille de l'école ; dans une prochaine lettre je vous montrerai le côté scientifique, car c'est trop longtemps nous tenir sur la défensive ; et lorsque nous aurons donné quelques coups de canif dans les cent quatre-vingt-quatorze ballots qui forment son bagage, lorsque le vent qui les gonfle, le sable qui les alourdit se seront échappés; lorsque nous en aurons distrait tout ce qui n'est pas à lui, vous verrez à quoi se réduit le bénéfice que l'humanité a retiré de ces travaux.

Mais revenons au manifeste de la corporation scolastique, et citons-en comme échantillons quelques phrases :

« Les intelligences vraiment puissantes, est-il dit, n'ont « jamais consenti à se restreindre dans le cercle étroit des « spécialités, et *la chirurgie ne compte pas un progrès* dont « elle soit redevable aux hommes qui n'ont étudié qu'une « seule de ses branches. Les praticiens qui ont le plus éclairé « le diagnostic et la thérapeutique *des voies urinaires*, ce « sont Chopart, Desault, Dubois, Boyer, etc. etc. » N'avais-je pas raison de vous dire que nous n'avons rien à attendre de ces privilégiés, et que c'est un parti pris de nier nos services. J'ignore quels noms d'encyclopédistes vivants représentent les deux et cætera qui suivent les noms de Boyer et de Dubois; j'avoue que je cherche en vain lequel d'entre eux mériterait cette place pour ses travaux en urologie.

« *Les intelligences un peu puissantes*, disent ces messieurs, « *n'ont jamais consenti à se restreindre dans le cercle étroit* « *des spécialités.* » Qu'ils écoutent sur ce point l'opinion d'un homme auquel ils ne dénieront pas une intelligence aussi puissante que celle de la plus forte tête de la corporation.

« L'universalité des connaissances, dit Bichat, dans le même individu est une chimère; elle répugne aux lois de l'organisation; et si l'histoire nous offre quelques génies extraordinaires, jetant un éclat égal dans plusieurs sciences, ce sont autant d'exceptions à ces lois. Qui sommes-nous pour oser poursuivre sur plusieurs points la perfection qui le plus souvent nous échappe sur un seul?

« ... Quand je vois un homme vouloir en même temps

briller par l'adresse de sa main dans les opérations de chirurgie, par la profondeur de son jugement dans la pratique de la médecine, par l'étendue de sa mémoire dans la botanique, par la force de son attention dans les contemplations métaphysiques, etc., il me semble voir un médecin, qui, pour guérir une maladie, pour expulser, suivant l'antique expression, l'humeur morbifique, voudrait en même temps augmenter toutes les sécrétions par l'usage simultané des saliagogues, des diurétiques, des sudorifiques, des emménagogues, des excitants de la bile, du suc pancratique, des sucs muqueux, etc. »

Que ces messieurs se rappellent encore Delpech, autre intelligence supérieure, qui, au début de sa carrière, croyait comme eux à la possibilité d'embrasser et d'appliquer l'ensemble des connaissances médicales, et qui plus tard s'écriait, après avoir écrit son *Traité de l'Orthomorphie : La spécialité constitue l'art !*

Il me serait facile de multiplier ces citations, car les hommes qui ont pénétré le plus loin dans la science ont presque tous fait un semblable retour sur eux-mêmes en mesurant avec effroi l'étendue de ses domaines. Le père de la médecine trouvait déjà que l'art était long, et la vie courte, *ars longa, vita brevis.* Que dirait-il donc aujourd'hui, que la vie est plus courte, plus dissipée et l'art infiniment plus long? Il est évident que les cent bras de Briarée ne suffiraient plus à en comprendre toutes les parties ; et nos modernes encyclopédistes ont la prétention d'y parvenir avec les deux bras que la nature leur a départis ! *Risum teneatis.....*

Mais voici une phrase plus significative et dans laquelle se montrent plus à découvert les pensées et les projets de la corporation dite encyclopédique : « Nous concevons que « les médecins et chirurgiens attachés à des services *spé-« ciaux*, acquérant bien vite une connaissance complète

« des affections qu'ils traitent exclusivement, passent aux « yeux du public et aux yeux de leurs confrères pour des « hommes *spéciaux*, *ici c'est la place qui fait les hommes* « *ce qu'ils sont* ; ils étaient entrés dans les hôpitaux par « concours, et le concours avait prouvé qu'ils étaient *pré-* « *parés* à traiter toutes les parties de la science. » O Escobar ! vos doctrines sont impérissables. Oui, c'est bien ainsi que procède toute secte dominante à l'égard de ceux qu'elle nomme hérétiques, leur enlevant les biens temporels, de crainte qu'ils n'en fassent un mauvais usage : la spécialité cesse d'être *la peste de la science*, comme l'appelait, il y a peu de semaines M. Velpeau, dès qu'elle est purifiée par le concours, dès que c'est un des membres de ce nouveau sacerdoce qui l'exerce.

Comprenez-vous maintenant, mes chers confrères, toute la portée de ce cri de guerre : *Delenda specialitas !* Voyez-vous cette nouvelle initiation qui frappe de nullité le diplôme de docteur que vous avez reçu ? Vous l'entendez, *ce sont les places qui font les hommes ce qu'ils sont*, et personne ne doit espérer y parvenir s'il ne s'est mesuré dans ces tournois de la parole que l'on nomme concours, et s'il n'a fourni la preuve qu'il est capable de parler pendant une heure sur le premier sujet venu ; après quoi, *il est reconnu apte à traiter toutes les parties de la science.* Ainsi, l'encyclopédiste, reconnu tel par concours, n'a qu'à le vouloir pour être supérieur dans toutes les spécialités, et en remontrer au simple docteur qui aura consacré plusieurs années de sa vie à l'étude et à la pratique d'un point particulier de la médecine.

Le concours est la source de toutes les capacités, de toutes les aptitudes : voilà la charte de la nouvelle corporation. Quiconque voudra se créer dans la science et dans la pratique de son art une position honorable par des travaux utiles, même par des découvertes, sera déclaré *spécialiste*, et il sera du devoir de tout bon scolastique de lui courir sus, de lui fermer tous les passages, de le harceler sans cesse pour l'arrêter dans sa marche, de le repousser de toutes les académies, de tous les corps savants, hôtelleries scientifiques où il pourrait reposer sa tête et reprendre des forces nouvelles.

Voilà, peuple de docteurs, la condition qu'une aristocratie de fraîche date prétend vous faire ; c'est à vous de voir s'il vous plaît de la subir.

Mais, disent ces professeurs d'escrime linguale, si vous refusez de vous mesurer avec nous, c'est que vous manquez de science et de courage. Oh ! c'est bien là le langage des spadassins qui, forts de l'adresse qu'ils ont acquise par un long exercice, déclarent lâches ceux qui ne sont pas assez fous pour venir se livrer à leurs épées. Ce n'est pas dans des combats de cette sorte, c'est devant l'ennemi que se montre le vrai courage, et l'ennemi, pour nous, c'est la maladie. A l'œuvre donc, et montrez ce que vous savez faire pour le soulagement de l'humanité. *Quin age si quid habes?*.... Mais si, dans cette recherche, vous, chefs de services dans les hôpitaux, qui avez à votre disposition les amphithéâtres, les bibliothèques, vous êtes devancés, comme déjà vous l'avez été tant de fois, par des médecins privés de toutes ces ressources, convenez que hors du concours il peut y avoir salut et progrès.

Je maintiens que la mémoire et le talent d'exposition, qualités précieuses, ne sont pas les seules dont il faille tenir compte, et qu'il importe de ménager une place au jugement, à l'observation, à l'imagination. Je maintiens qu'il faut laisser un but, une espérance aux travaux d'investigation et de recherche ; que les épreuves du concours, bien placées à l'école, ne doivent pas être exigées pour entrer aux académies. C'est déjà bien assez, mon Dieu, que les démarches, les visites, les obséquiosités, les intrigues en aient rétréci les portes au point d'en faire des chatières par lesquelles on ne pourra bientôt passer qu'à quatre pattes.

Vous avez entendu, chers confrères, des applaudissements accueillir la nouvelle de l'exclusion des praticiens spéciaux de la liste de présentation; quelques journaux politiques et médicaux les ont répétés, comme si la chirurgie venait d'échapper à un danger imminent; vous en avez peut-être conclu que ces applaudissements sont généraux et désintéressés; détrompez-vous, ce n'est point là l'expression de l'opinion, pas plus que les claqueurs, habilement répartis dans une salle de spectacle, ne sont le véritable public : ces articles de félicitation à la section de médecine et de chirurgie n'expriment que la pensée de tel ou tel collaborateur, et ne sont même pas l'expression des journaux; autrement il serait trop singulier de voir les défenseurs du progrès pour tous et par tous, ne laisser ouverte qu'une seule route pour y arriver; de voir les ennemis du privilége mépriser le simple bonnet de docteur et se prosterner devant la toque à franges d'or. Ne vous laissez donc pas étourdir par tout ce bruit : la raison aura son tour.

Un mot en terminant, à vous MM. les scolastiques, modernes Aristotes, qui avez accepté avec un sérieux si burlesque la qualification d'*encyclopédistes*, que nous vous avons donnée en échange du nom de *spécialistes;* vous êtes fiers du succès que vous venez d'obtenir; mais prenez garde que la démarcation tracée entre vous et les autres membres de la grande famille médicale ne vous soit bientôt préjudiciable. Presque tous vous avez un mérite réel, je me plais à le reconnaître, car si le concours ne fait pas toujours arriver le plus digne, il éloigne du moins les incapacités; mais vous n'avez pas accaparé tout savoir, et, en dehors de votre corporation, existe et va s'accroître une population de travailleurs cultivant le vaste champ de la science, cherchant à parvenir par d'autres routes que celles de l'école et des hôpitaux dont vous occupez toutes les avenues ; elle se révoltera contre *la supériorité absolue que vous prétendez donner à la mémoire sur les autres facultés intellectuelles* ; elle se rira de cette doctrine toute musulmane, *c'est la place qui fait l'homme* ; elle vous arrêtera dans vos prétentions exclusives à la clientèle, aux positions académiques ; imitant l'exemple que vous lui donnez aujourd'hui, elle réunira ses forces pour vous tenir enfermés dans l'enceinte que vous aurez tracée vous-mêmes. Nous ne serons plus alors presque seuls comme aujourd'hui, nous aurons avec nous la nation médicale, le peuple des docteurs, qui nous vengera de vos dédains, qui nous saura gré de nos efforts pour arrêter les envahissements d'une aristocratie naissante, et la soustraire à la domination des parleurs.

Voilà, chers confrères, les réflexions dont j'ai cru devoir vous faire part au sujet de la présentation à l'Académie des Sciences. Je ne prétends pas vous donner à croire qu'elles soient tout à fait désintéressées, mais j'espère vous avoir persuadés que ma cause ne vous est pas étrangère ; car ce n'est pas moi qui recueillerai les résultats des combats que je livre ; je pourrais donc, si je ne considérais que mon avantage personnel, me retirer sous ma tente, où je trouverais, en dehors de ces distinctions qu'on me refuse, des compensations suffisantes. Pourtant je concourrai comme par le passé à tenir debout le drapeau de l'indépendance scientifique, jusqu'à ce que vos bras viennent l'affermir, et permettent le repos à ceux qui l'ont déployé.

LEROY-D'ÉTIOLLES.

www.ingramcontent.com/pod-product-compliance
Ingram Content Group UK Ltd.
Pitfield, Milton Keynes, MK11 3LW, UK
UKHW032040260826
14628UKWH00007B/3089

9 782011 794147